D1663590

Budgetplaner

zum Eintragen

ISBN Taschenbuch: 978-3-98567-151-9
ISBN Gebundenes Buch: 978-3-98567-163-2

Jahr:

Kosten, die im Quartal anfallen:

Versicherungen:	
Abonnenments:	
Apps:	
Sonstiges:	

Kosten, die halbjährig anfallen:

Versicherungen:	
Abonnenments:	
Apps:	
Sonstiges:	

Kosten, die einmal im Jahr anfallen:

Versicherungen:	
Abonnenments:	
Apps:	
KFZ-Steuer:	
Automobilclub:	
Sonstiges:	

gesamt:

Jahr:

Kosten, die im Quartal anfallen:

Versicherungen:	
Abonnenments:	
Apps:	
Sonstiges:	

Kosten, die halbjährig anfallen:

Versicherungen:	
Abonnenments:	
Apps:	
Sonstiges:	

Kosten, die einmal im Jahr anfallen:

Versicherungen:	
Abonnenments:	
Apps:	
KFZ-Steuer:	
Automobilclub:	
Sonstiges:	

gesamt:

Monat:

Einnahmen:

Gehalt:	
Rente:	
Kindergeld:	
Unterhalt:	
Gewinne:	
Mieteinnahmen:	
Sonstiges:	

gesamt:

Fixe Kosten:

Miete:	
Kredit für Haus/Wohnung:	
Nebenkosten:	
GEZ:	
Strom:	
Internet/Telefon:	
Mobilfunkvertrag:	
Versicherungen:	
Altersvorsorge:	
Bausparen:	
Sparen/Rücklagen:	
Kredite:	
Sonstiges:	

gesamt:

Variable Kosten:

Lebensmittel/Getränke:	
Drogerie:	
Bekleidung:	
Mobilität (Benzin/Fahrkarte):	
Bäckerei:	
Gesundheit (Apotheke/Therapien):	
Bildung:	
Kinder:	
Haustier:	
Kreditkarte:	
Sonstiges:	

gesamt:

Kutur, Freizeit, Hobby und Spaß:

Restaurant/ Lieferdienst:	
Kino/Theater/Konzert:	
Bücher/Zeitschriften:	
Veranstalungen:	
Musik:	
Sport/ Fitnessstudio:	
Apps:	
Ausgehen:	
Reisen:	
Sonstiges:	

gesamt:

Sonstiges und Unvorhergesehenes:

Reparatur (Elektrogeräte/Auto):	
Inspektion:	
Baumarkt:	
Einrichtung (Möbel, Bettwäsche etc.):	
Haushaltsgeräte:	
Besondere Anschaffungen:	
Zahnarzt:	
Geschenke:	
Sonstiges:	

gesamt:

Notizen:

Mein Budget für diesen Monat:

Einnahmen: feste Ausgaben:

       –   =

Das möchte ich diesen Monat sparen:

Das gönne ich mir diesen Monat:

Ausgaben gesamt diesen Monat:

Das habe ich gespart:

Saldo:

Hast du dein Ziel erreicht?   ja   nein

Das habe ich diesen Monat sehr gut gemacht:

Das hätte ich besser machen können:

Monat:

Einnahmen:

Gehalt:	
Rente:	
Kindergeld:	
Unterhalt:	
Gewinne:	
Mieteinnahmen:	
Sonstiges:	

gesamt:

Fixe Kosten:

Miete:	
Kredit für Haus/Wohnung:	
Nebenkosten:	
GEZ:	
Strom:	
Internet/Telefon:	
Mobilfunkvertrag:	
Versicherungen:	
Altersvorsorge:	
Bausparen:	
Sparen/Rücklagen:	
Kredite:	
Sonstiges:	

gesamt:

Variable Kosten:

▦ Lebensmittel/Getränke:	
▦ Drogerie:	
▦ Bekleidung:	
▦ Mobilität (Benzin/Fahrkarte):	
▦ Bäckerei:	
▦ Gesundheit (Apotheke/Therapien):	
▦ Bildung:	
▦ Kinder:	
▦ Haustier:	
▦ Kreditkarte:	
▦ Sonstiges:	

gesamt:

Kutur, Freizeit, Hobby und Spaß:

▦ Restaurant/ Lieferdienst:	
▦ Kino/Theater/Konzert:	
▦ Bücher/Zeitschriften:	
▦ Veranstalungen:	
▦ Musik:	
▦ Sport/ Fitnessstudio:	
▦ Apps:	
▦ Ausgehen:	
▦ Reisen:	
▦ Sonstiges:	

gesamt:

Sonstiges und Unvorhergesehenes:

Reparatur (Elektrogeräte/Auto):	
Inspektion:	
Baumarkt:	
Einrichtung (Möbel, Bettwäsche etc.):	
Haushaltsgeräte:	
Besondere Anschaffungen:	
Zahnarzt:	
Geschenke:	
Sonstiges:	

gesamt:

Notizen:

Mein Budget für diesen Monat:

Einnahmen: feste Ausgaben:

[　　　　] − [　　　　] = [　　　　]

Das möchte ich diesen Monat sparen:

Das gönne ich mir diesen Monat:

....

Ausgaben gesamt diesen Monat:

Das habe ich gespart:

Saldo:

Hast du dein Ziel erreicht?   ja   nein

Das habe ich diesen Monat sehr gut gemacht:

....

Das hätte ich besser machen können:

....

Monat:

Einnahmen:

Gehalt:	
Rente:	
Kindergeld:	
Unterhalt:	
Gewinne:	
Mieteinnahmen:	
Sonstiges:	

gesamt:

Fixe Kosten:

Miete:	
Kredit für Haus/Wohnung:	
Nebenkosten:	
GEZ:	
Strom:	
Internet/Telefon:	
Mobilfunkvertrag:	
Versicherungen:	
Altersvorsorge:	
Bausparen:	
Sparen/Rücklagen:	
Kredite:	
Sonstiges:	

gesamt:

Variable Kosten:

Lebensmittel/Getränke:	
Drogerie:	
Bekleidung:	
Mobilität (Benzin/Fahrkarte):	
Bäckerei:	
Gesundheit (Apotheke/Therapien):	
Bildung:	
Kinder:	
Haustier:	
Kreditkarte:	
Sonstiges:	

gesamt:

Kutur, Freizeit, Hobby und Spaß:

Restaurant/ Lieferdienst:	
Kino/Theater/Konzert:	
Bücher/Zeitschriften:	
Veranstalungen:	
Musik:	
Sport/ Fitnessstudio:	
Apps:	
Ausgehen:	
Reisen:	
Sonstiges:	

gesamt:

Sonstiges und Unvorhergesehenes:

Reparatur (Elektrogeräte/Auto):	
Inspektion:	
Baumarkt:	
Einrichtung (Möbel, Bettwäsche etc.):	
Haushaltsgeräte:	
Besondere Anschaffungen:	
Zahnarzt:	
Geschenke:	
Sonstiges:	

gesamt:

Notizen:

Mein Budget für diesen Monat:

Einnahmen: feste Ausgaben:

        –   =

Das möchte ich diesen Monat sparen:

Das gönne ich mir diesen Monat:

....

Ausgaben gesamt diesen Monat:

Das habe ich gespart:

Saldo:

Hast du dein Ziel erreicht?   ja   nein

Das habe ich diesen Monat sehr gut gemacht:

....

Das hätte ich besser machen können:

....

Monat:

Einnahmen:

Gehalt:	
Rente:	
Kindergeld:	
Unterhalt:	
Gewinne:	
Mieteinnahmen:	
Sonstiges:	

gesamt:

Fixe Kosten:

Miete:	
Kredit für Haus/Wohnung:	
Nebenkosten:	
GEZ:	
Strom:	
Internet/Telefon:	
Mobilfunkvertrag:	
Versicherungen:	
Altersvorsorge:	
Bausparen:	
Sparen/Rücklagen:	
Kredite:	
Sonstiges:	

gesamt:

Variable Kosten:

Lebensmittel/Getränke:	
Drogerie:	
Bekleidung:	
Mobilität (Benzin/Fahrkarte):	
Bäckerei:	
Gesundheit (Apotheke/Therapien):	
Bildung:	
Kinder:	
Haustier:	
Kreditkarte:	
Sonstiges:	

gesamt:

Kutur, Freizeit, Hobby und Spaß:

Restaurant/ Lieferdienst:	
Kino/Theater/Konzert:	
Bücher/Zeitschriften:	
Veranstalungen:	
Musik:	
Sport/ Fitnessstudio:	
Apps:	
Ausgehen:	
Reisen:	
Sonstiges:	

gesamt:

Sonstiges und Unvorhergesehenes:

Reparatur (Elektrogeräte/Auto):	
Inspektion:	
Baumarkt:	
Einrichtung (Möbel, Bettwäsche etc.):	
Haushaltsgeräte:	
Besondere Anschaffungen:	
Zahnarzt:	
Geschenke:	
Sonstiges:	

gesamt:

Notizen:

Mein Budget für diesen Monat:

Einnahmen: feste Ausgaben:

—   =

Das möchte ich diesen Monat sparen:

Das gönne ich mir diesen Monat:

....

Ausgaben gesamt diesen Monat:

Das habe ich gespart:

Saldo:

Hast du dein Ziel erreicht?   ja   nein

Das habe ich diesen Monat sehr gut gemacht:

....

Das hätte ich besser machen können:

....

Monat:

Einnahmen:

Gehalt:	
Rente:	
Kindergeld:	
Unterhalt:	
Gewinne:	
Mieteinnahmen:	
Sonstiges:	

gesamt:

Fixe Kosten:

Miete:	
Kredit für Haus/Wohnung:	
Nebenkosten:	
GEZ:	
Strom:	
Internet/Telefon:	
Mobilfunkvertrag:	
Versicherungen:	
Altersvorsorge:	
Bausparen:	
Sparen/Rücklagen:	
Kredite:	
Sonstiges:	

gesamt:

Variable Kosten:

Lebensmittel/Getränke:	
Drogerie:	
Bekleidung:	
Mobilität (Benzin/Fahrkarte):	
Bäckerei:	
Gesundheit (Apotheke/Therapien):	
Bildung:	
Kinder:	
Haustier:	
Kreditkarte:	
Sonstiges:	

gesamt:

Kutur, Freizeit, Hobby und Spaß:

Restaurant/ Lieferdienst:	
Kino/Theater/Konzert:	
Bücher/Zeitschriften:	
Veranstalungen:	
Musik:	
Sport/ Fitnessstudio:	
Apps:	
Ausgehen:	
Reisen:	
Sonstiges:	

gesamt:

Sonstiges und Unvorhergesehenes:

Reparatur (Elektrogeräte/Auto):	
Inspektion:	
Baumarkt:	
Einrichtung (Möbel, Bettwäsche etc.):	
Haushaltsgeräte:	
Besondere Anschaffungen:	
Zahnarzt:	
Geschenke:	
Sonstiges:	

gesamt:

Notizen:

Mein Budget für diesen Monat:

Einnahmen: feste Ausgaben:

_____ – _____ = _____

Das möchte ich diesen Monat sparen:

Das gönne ich mir diesen Monat:

....

Ausgaben gesamt diesen Monat:

Das habe ich gespart:

Saldo:

Hast du dein Ziel erreicht?   ja   nein

Das habe ich diesen Monat sehr gut gemacht:

....

Das hätte ich besser machen können:

....

Monat:

Einnahmen:

Gehalt:	
Rente:	
Kindergeld:	
Unterhalt:	
Gewinne:	
Mieteinnahmen:	
Sonstiges:	

gesamt:

Fixe Kosten:

Miete:	
Kredit für Haus/Wohnung:	
Nebenkosten:	
GEZ:	
Strom:	
Internet/Telefon:	
Mobilfunkvertrag:	
Versicherungen:	
Altersvorsorge:	
Bausparen:	
Sparen/Rücklagen:	
Kredite:	
Sonstiges:	

gesamt:

Variable Kosten:

Lebensmittel/Getränke:	
Drogerie:	
Bekleidung:	
Mobilität (Benzin/Fahrkarte):	
Bäckerei:	
Gesundheit (Apotheke/Therapien):	
Bildung:	
Kinder:	
Haustier:	
Kreditkarte:	
Sonstiges:	

gesamt:

Kutur, Freizeit, Hobby und Spaß:

Restaurant/ Lieferdienst:	
Kino/Theater/Konzert:	
Bücher/Zeitschriften:	
Veranstalungen:	
Musik:	
Sport/ Fitnessstudio:	
Apps:	
Ausgehen:	
Reisen:	
Sonstiges:	

gesamt:

Sonstiges und Unvorhergesehenes:

Reparatur (Elektrogeräte/Auto):	
Inspektion:	
Baumarkt:	
Einrichtung (Möbel, Bettwäsche etc.):	
Haushaltsgeräte:	
Besondere Anschaffungen:	
Zahnarzt:	
Geschenke:	
Sonstiges:	

gesamt:

Notizen:

Mein Budget für diesen Monat:

Einnahmen: feste Ausgaben:

| | – | | = | |

Das möchte ich diesen Monat sparen:

Das gönne ich mir diesen Monat:

....

Ausgaben gesamt diesen Monat:

Das habe ich gespart:

Saldo:

Hast du dein Ziel erreicht?   ja   nein

Das habe ich diesen Monat sehr gut gemacht:

....

Das hätte ich besser machen können:

....

Monat:

Einnahmen:

Gehalt:		
Rente:		
Kindergeld:		
Unterhalt:		
Gewinne:		
Mieteinnahmen:		
Sonstiges:		

gesamt:

Fixe Kosten:

Miete:	
Kredit für Haus/Wohnung:	
Nebenkosten:	
GEZ:	
Strom:	
Internet/Telefon:	
Mobilfunkvertrag:	
Versicherungen:	
Altersvorsorge:	
Bausparen:	
Sparen/Rücklagen:	
Kredite:	
Sonstiges:	

gesamt:

Variable Kosten:

▢ Lebensmittel/Getränke:	
▢ Drogerie:	
▢ Bekleidung:	
▢ Mobilität (Benzin/Fahrkarte):	
▢ Bäckerei:	
▢ Gesundheit (Apotheke/Therapien):	
▢ Bildung:	
▢ Kinder:	
▢ Haustier:	
▢ Kreditkarte:	
▢ Sonstiges:	

gesamt:

Kutur, Freizeit, Hobby und Spaß:

▢ Restaurant/ Lieferdienst:	
▢ Kino/Theater/Konzert:	
▢ Bücher/Zeitschriften:	
▢ Veranstalungen:	
▢ Musik:	
▢ Sport/ Fitnessstudio:	
▢ Apps:	
▢ Ausgehen:	
▢ Reisen:	
▢ Sonstiges:	

gesamt:

Sonstiges und Unvorhergesehenes:

Reparatur (Elektrogeräte/Auto):	
Inspektion:	
Baumarkt:	
Einrichtung (Möbel, Bettwäsche etc.):	
Haushaltsgeräte:	
Besondere Anschaffungen:	
Zahnarzt:	
Geschenke:	
Sonstiges:	

gesamt:

Notizen:

Mein Budget für diesen Monat:

Einnahmen: feste Ausgaben:

_____ – _____ = _____

Das möchte ich diesen Monat sparen:

Das gönne ich mir diesen Monat:

....

Ausgaben gesamt diesen Monat:

Das habe ich gespart:

Saldo:

Hast du dein Ziel erreicht?   ja   nein

Das habe ich diesen Monat sehr gut gemacht:

....

Das hätte ich besser machen können:

....

Monat:

Einnahmen:

Gehalt:		
Rente:		
Kindergeld:		
Unterhalt:		
Gewinne:		
Mieteinnahmen:		
Sonstiges:		

gesamt:

Fixe Kosten:

Miete:	
Kredit für Haus/Wohnung:	
Nebenkosten:	
GEZ:	
Strom:	
Internet/Telefon:	
Mobilfunkvertrag:	
Versicherungen:	
Altersvorsorge:	
Bausparen:	
Sparen/Rücklagen:	
Kredite:	
Sonstiges:	

gesamt:

Variable Kosten:

Lebensmittel/Getränke:	
Drogerie:	
Bekleidung:	
Mobilität (Benzin/Fahrkarte):	
Bäckerei:	
Gesundheit (Apotheke/Therapien):	
Bildung:	
Kinder:	
Haustier:	
Kreditkarte:	
Sonstiges:	

gesamt:

Kutur, Freizeit, Hobby und Spaß:

Restaurant/ Lieferdienst:	
Kino/Theater/Konzert:	
Bücher/Zeitschriften:	
Veranstalungen:	
Musik:	
Sport/ Fitnessstudio:	
Apps:	
Ausgehen:	
Reisen:	
Sonstiges:	

gesamt:

Sonstiges und Unvorhergesehenes:

Reparatur (Elektrogeräte/Auto):	
Inspektion:	
Baumarkt:	
Einrichtung (Möbel, Bettwäsche etc.):	
Haushaltsgeräte:	
Besondere Anschaffungen:	
Zahnarzt:	
Geschenke:	
Sonstiges:	

gesamt:

Notizen:

Mein Budget für diesen Monat:

Einnahmen: feste Ausgaben:

_____ − _____ = _____

Das möchte ich diesen Monat sparen: _____

Das gönne ich mir diesen Monat:

....

Ausgaben gesamt diesen Monat: _____

Das habe ich gespart: _____

Saldo: _____

Hast du dein Ziel erreicht?   ja   nein

Das habe ich diesen Monat sehr gut gemacht:

....

Das hätte ich besser machen können:

....

Monat:

Einnahmen:

Gehalt:	
Rente:	
Kindergeld:	
Unterhalt:	
Gewinne:	
Mieteinnahmen:	
Sonstiges:	

gesamt:

Fixe Kosten:

Miete:	
Kredit für Haus/Wohnung:	
Nebenkosten:	
GEZ:	
Strom:	
Internet/Telefon:	
Mobilfunkvertrag:	
Versicherungen:	
Altersvorsorge:	
Bausparen:	
Sparen/Rücklagen:	
Kredite:	
Sonstiges:	

gesamt:

Variable Kosten:

Lebensmittel/Getränke:	
Drogerie:	
Bekleidung:	
Mobilität (Benzin/Fahrkarte):	
Bäckerei:	
Gesundheit (Apotheke/Therapien):	
Bildung:	
Kinder:	
Haustier:	
Kreditkarte:	
Sonstiges:	

gesamt:

Kutur, Freizeit, Hobby und Spaß:

Restaurant/ Lieferdienst:	
Kino/Theater/Konzert:	
Bücher/Zeitschriften:	
Veranstalungen:	
Musik:	
Sport/ Fitnessstudio:	
Apps:	
Ausgehen:	
Reisen:	
Sonstiges:	

gesamt:

Sonstiges und Unvorhergesehenes:

Reparatur (Elektrogeräte/Auto):	
Inspektion:	
Baumarkt:	
Einrichtung (Möbel, Bettwäsche etc.):	
Haushaltsgeräte:	
Besondere Anschaffungen:	
Zahnarzt:	
Geschenke:	
Sonstiges:	

gesamt:

Notizen:

Mein Budget für diesen Monat:

Einnahmen: feste Ausgaben:

[   ]   –   [   ]   =   [   ]

Das möchte ich diesen Monat sparen:

Das gönne ich mir diesen Monat:

....

Ausgaben gesamt diesen Monat:

Das habe ich gespart:

Saldo:

Hast du dein Ziel erreicht?   ja   nein

Das habe ich diesen Monat sehr gut gemacht:

....

Das hätte ich besser machen können:

....

Monat:

Einnahmen:

Gehalt:	
Rente:	
Kindergeld:	
Unterhalt:	
Gewinne:	
Mieteinnahmen:	
Sonstiges:	

gesamt:

Fixe Kosten:

Miete:	
Kredit für Haus/Wohnung:	
Nebenkosten:	
GEZ:	
Strom:	
Internet/Telefon:	
Mobilfunkvertrag:	
Versicherungen:	
Altersvorsorge:	
Bausparen:	
Sparen/Rücklagen:	
Kredite:	
Sonstiges:	

gesamt:

Variable Kosten:

Lebensmittel/Getränke:	
Drogerie:	
Bekleidung:	
Mobilität (Benzin/Fahrkarte):	
Bäckerei:	
Gesundheit (Apotheke/Therapien):	
Bildung:	
Kinder:	
Haustier:	
Kreditkarte:	
Sonstiges:	

gesamt:

Kutur, Freizeit, Hobby und Spaß:

Restaurant/ Lieferdienst:	
Kino/Theater/Konzert:	
Bücher/Zeitschriften:	
Veranstalungen:	
Musik:	
Sport/ Fitnessstudio:	
Apps:	
Ausgehen:	
Reisen:	
Sonstiges:	

gesamt:

Sonstiges und Unvorhergesehenes:

Reparatur (Elektrogeräte/Auto):	
Inspektion:	
Baumarkt:	
Einrichtung (Möbel, Bettwäsche etc.):	
Haushaltsgeräte:	
Besondere Anschaffungen:	
Zahnarzt:	
Geschenke:	
Sonstiges:	

gesamt:

Notizen:

Mein Budget für diesen Monat:

Einnahmen: feste Ausgaben:

─   =

Das möchte ich diesen Monat sparen:

Das gönne ich mir diesen Monat:

Ausgaben gesamt diesen Monat:

Das habe ich gespart:

Saldo:

Hast du dein Ziel erreicht?   ja   nein

Das habe ich diesen Monat sehr gut gemacht:

Das hätte ich besser machen können:

Monat:

Einnahmen:

Gehalt:	
Rente:	
Kindergeld:	
Unterhalt:	
Gewinne:	
Mieteinnahmen:	
Sonstiges:	

gesamt:

Fixe Kosten:

Miete:	
Kredit für Haus/Wohnung:	
Nebenkosten:	
GEZ:	
Strom:	
Internet/Telefon:	
Mobilfunkvertrag:	
Versicherungen:	
Altersvorsorge:	
Bausparen:	
Sparen/Rücklagen:	
Kredite:	
Sonstiges:	

gesamt:

Variable Kosten:

Lebensmittel/Getränke:	
Drogerie:	
Bekleidung:	
Mobilität (Benzin/Fahrkarte):	
Bäckerei:	
Gesundheit (Apotheke/Therapien):	
Bildung:	
Kinder:	
Haustier:	
Kreditkarte:	
Sonstiges:	

gesamt:

Kutur, Freizeit, Hobby und Spaß:

Restaurant/ Lieferdienst:	
Kino/Theater/Konzert:	
Bücher/Zeitschriften:	
Veranstalungen:	
Musik:	
Sport/ Fitnessstudio:	
Apps:	
Ausgehen:	
Reisen:	
Sonstiges:	

gesamt:

Sonstiges und Unvorhergesehenes:

Reparatur (Elektrogeräte/Auto):	
Inspektion:	
Baumarkt:	
Einrichtung (Möbel, Bettwäsche etc.):	
Haushaltsgeräte:	
Besondere Anschaffungen:	
Zahnarzt:	
Geschenke:	
Sonstiges:	

gesamt:

Notizen:

Mein Budget für diesen Monat:

Einnahmen: feste Ausgaben:

_____ – _____ = _____

Das möchte ich diesen Monat sparen:

Das gönne ich mir diesen Monat:

....

Ausgaben gesamt diesen Monat:

Das habe ich gespart:

Saldo:

Hast du dein Ziel erreicht?   ja   nein

Das habe ich diesen Monat sehr gut gemacht:

....

Das hätte ich besser machen können:

....

Monat:

Einnahmen:

Gehalt:	
Rente:	
Kindergeld:	
Unterhalt:	
Gewinne:	
Mieteinnahmen:	
Sonstiges:	

gesamt:

Fixe Kosten:

Miete:	
Kredit für Haus/Wohnung:	
Nebenkosten:	
GEZ:	
Strom:	
Internet/Telefon:	
Mobilfunkvertrag:	
Versicherungen:	
Altersvorsorge:	
Bausparen:	
Sparen/Rücklagen:	
Kredite:	
Sonstiges:	

gesamt:

Variable Kosten:

Lebensmittel/Getränke:	
Drogerie:	
Bekleidung:	
Mobilität (Benzin/Fahrkarte):	
Bäckerei:	
Gesundheit (Apotheke/Therapien):	
Bildung:	
Kinder:	
Haustier:	
Kreditkarte:	
Sonstiges:	

gesamt:

Kutur, Freizeit, Hobby und Spaß:

Restaurant/ Lieferdienst:	
Kino/Theater/Konzert:	
Bücher/Zeitschriften:	
Veranstalungen:	
Musik:	
Sport/ Fitnessstudio:	
Apps:	
Ausgehen:	
Reisen:	
Sonstiges:	

gesamt:

Sonstiges und Unvorhergesehenes:

Reparatur (Elektrogeräte/Auto):	
Inspektion:	
Baumarkt:	
Einrichtung (Möbel, Bettwäsche etc.):	
Haushaltsgeräte:	
Besondere Anschaffungen:	
Zahnarzt:	
Geschenke:	
Sonstiges:	

gesamt:

Notizen:

Mein Budget für diesen Monat:

Einnahmen: feste Ausgaben:

_____ – _____ = _____

Das möchte ich diesen Monat sparen: _____

Das gönne ich mir diesen Monat:

....

Ausgaben gesamt diesen Monat: _____

Das habe ich gespart: _____

Saldo: _____

Hast du dein Ziel erreicht?   ja ☐   nein ☐

Das habe ich diesen Monat sehr gut gemacht:

....

Das hätte ich besser machen können:

....

Monat:

Einnahmen:

Gehalt:	
Rente:	
Kindergeld:	
Unterhalt:	
Gewinne:	
Mieteinnahmen:	
Sonstiges:	

gesamt:

Fixe Kosten:

Miete:	
Kredit für Haus/Wohnung:	
Nebenkosten:	
GEZ:	
Strom:	
Internet/Telefon:	
Mobilfunkvertrag:	
Versicherungen:	
Altersvorsorge:	
Bausparen:	
Sparen/Rücklagen:	
Kredite:	
Sonstiges:	

gesamt:

Variable Kosten:

Lebensmittel/Getränke:	
Drogerie:	
Bekleidung:	
Mobilität (Benzin/Fahrkarte):	
Bäckerei:	
Gesundheit (Apotheke/Therapien):	
Bildung:	
Kinder:	
Haustier:	
Kreditkarte:	
Sonstiges:	

gesamt:

Kutur, Freizeit, Hobby und Spaß:

Restaurant/ Lieferdienst:	
Kino/Theater/Konzert:	
Bücher/Zeitschriften:	
Veranstalungen:	
Musik:	
Sport/ Fitnessstudio:	
Apps:	
Ausgehen:	
Reisen:	
Sonstiges:	

gesamt:

Sonstiges und Unvorhergesehenes:

Reparatur (Elektrogeräte/Auto):	
Inspektion:	
Baumarkt:	
Einrichtung (Möbel, Bettwäsche etc.):	
Haushaltsgeräte:	
Besondere Anschaffungen:	
Zahnarzt:	
Geschenke:	
Sonstiges:	

gesamt:

Notizen:

Mein Budget für diesen Monat:

Einnahmen: feste Ausgaben:

        −   =

Das möchte ich diesen Monat sparen:

Das gönne ich mir diesen Monat:

....

Ausgaben gesamt diesen Monat:

Das habe ich gespart:

Saldo:

Hast du dein Ziel erreicht?   ja   nein

Das habe ich diesen Monat sehr gut gemacht:

....

Das hätte ich besser machen können:

....

Monat:

Einnahmen:

Gehalt:	
Rente:	
Kindergeld:	
Unterhalt:	
Gewinne:	
Mieteinnahmen:	
Sonstiges:	

gesamt:

Fixe Kosten:

Miete:	
Kredit für Haus/Wohnung:	
Nebenkosten:	
GEZ:	
Strom:	
Internet/Telefon:	
Mobilfunkvertrag:	
Versicherungen:	
Altersvorsorge:	
Bausparen:	
Sparen/Rücklagen:	
Kredite:	
Sonstiges:	

gesamt:

Variable Kosten:

Lebensmittel/Getränke:	
Drogerie:	
Bekleidung:	
Mobilität (Benzin/Fahrkarte):	
Bäckerei:	
Gesundheit (Apotheke/Therapien):	
Bildung:	
Kinder:	
Haustier:	
Kreditkarte:	
Sonstiges:	

gesamt:

Kutur, Freizeit, Hobby und Spaß:

Restaurant/ Lieferdienst:	
Kino/Theater/Konzert:	
Bücher/Zeitschriften:	
Veranstalungen:	
Musik:	
Sport/ Fitnessstudio:	
Apps:	
Ausgehen:	
Reisen:	
Sonstiges:	

gesamt:

Sonstiges und Unvorhergesehenes:

Reparatur (Elektrogeräte/Auto):	
Inspektion:	
Baumarkt:	
Einrichtung (Möbel, Bettwäsche etc.):	
Haushaltsgeräte:	
Besondere Anschaffungen:	
Zahnarzt:	
Geschenke:	
Sonstiges:	

gesamt:

Notizen:

Mein Budget für diesen Monat:

Einnahmen: feste Ausgaben:

_____ – _____ = _____

Das möchte ich diesen Monat sparen:

Das gönne ich mir diesen Monat:

....

Ausgaben gesamt diesen Monat:

Das habe ich gespart:

Saldo:

Hast du dein Ziel erreicht?   ja   nein

Das habe ich diesen Monat sehr gut gemacht:

....

Das hätte ich besser machen können:

....

Monat:

Einnahmen:

Gehalt:	
Rente:	
Kindergeld:	
Unterhalt:	
Gewinne:	
Mieteinnahmen:	
Sonstiges:	

gesamt:

Fixe Kosten:

Miete:	
Kredit für Haus/Wohnung:	
Nebenkosten:	
GEZ:	
Strom:	
Internet/Telefon:	
Mobilfunkvertrag:	
Versicherungen:	
Altersvorsorge:	
Bausparen:	
Sparen/Rücklagen:	
Kredite:	
Sonstiges:	

gesamt:

Variable Kosten:

Lebensmittel/Getränke:	
Drogerie:	
Bekleidung:	
Mobilität (Benzin/Fahrkarte):	
Bäckerei:	
Gesundheit (Apotheke/Therapien):	
Bildung:	
Kinder:	
Haustier:	
Kreditkarte:	
Sonstiges:	

gesamt:

Kutur, Freizeit, Hobby und Spaß:

Restaurant/ Lieferdienst:	
Kino/Theater/Konzert:	
Bücher/Zeitschriften:	
Veranstalungen:	
Musik:	
Sport/ Fitnessstudio:	
Apps:	
Ausgehen:	
Reisen:	
Sonstiges:	

gesamt:

Sonstiges und Unvorhergesehenes:

Reparatur (Elektrogeräte/Auto):	
Inspektion:	
Baumarkt:	
Einrichtung (Möbel, Bettwäsche etc.):	
Haushaltsgeräte:	
Besondere Anschaffungen:	
Zahnarzt:	
Geschenke:	
Sonstiges:	

gesamt:

Notizen:

Mein Budget für diesen Monat:

Einnahmen: feste Ausgaben:

[   ] – [   ] = [   ]

Das möchte ich diesen Monat sparen:

Das gönne ich mir diesen Monat:

....

Ausgaben gesamt diesen Monat:

Das habe ich gespart:

Saldo:

Hast du dein Ziel erreicht?   ja   nein

Das habe ich diesen Monat sehr gut gemacht:

....

Das hätte ich besser machen können:

....

Monat:

Einnahmen:

Gehalt:	
Rente:	
Kindergeld:	
Unterhalt:	
Gewinne:	
Mieteinnahmen:	
Sonstiges:	

gesamt:

Fixe Kosten:

Miete:	
Kredit für Haus/Wohnung:	
Nebenkosten:	
GEZ:	
Strom:	
Internet/Telefon:	
Mobilfunkvertrag:	
Versicherungen:	
Altersvorsorge:	
Bausparen:	
Sparen/Rücklagen:	
Kredite:	
Sonstiges:	

gesamt:

Variable Kosten:

Lebensmittel/Getränke:	
Drogerie:	
Bekleidung:	
Mobilität (Benzin/Fahrkarte):	
Bäckerei:	
Gesundheit (Apotheke/Therapien):	
Bildung:	
Kinder:	
Haustier:	
Kreditkarte:	
Sonstiges:	

gesamt:

Kutur, Freizeit, Hobby und Spaß:

Restaurant/ Lieferdienst:	
Kino/Theater/Konzert:	
Bücher/Zeitschriften:	
Veranstalungen:	
Musik:	
Sport/ Fitnessstudio:	
Apps:	
Ausgehen:	
Reisen:	
Sonstiges:	

gesamt:

Sonstiges und Unvorhergesehenes:

Reparatur (Elektrogeräte/Auto):	
Inspektion:	
Baumarkt:	
Einrichtung (Möbel, Bettwäsche etc.):	
Haushaltsgeräte:	
Besondere Anschaffungen:	
Zahnarzt:	
Geschenke:	
Sonstiges:	

gesamt:

Notizen:

Mein Budget für diesen Monat:

Einnahmen: feste Ausgaben:

_____ − _____ = _____

Das möchte ich diesen Monat sparen:

Das gönne ich mir diesen Monat:

....

Ausgaben gesamt diesen Monat:

Das habe ich gespart:

Saldo:

Hast du dein Ziel erreicht?   ja   nein

Das habe ich diesen Monat sehr gut gemacht:

....

Das hätte ich besser machen können:

....

Monat:

Einnahmen:

Gehalt:	
Rente:	
Kindergeld:	
Unterhalt:	
Gewinne:	
Mieteinnahmen:	
Sonstiges:	

gesamt:

Fixe Kosten:

Miete:	
Kredit für Haus/Wohnung:	
Nebenkosten:	
GEZ:	
Strom:	
Internet/Telefon:	
Mobilfunkvertrag:	
Versicherungen:	
Altersvorsorge:	
Bausparen:	
Sparen/Rücklagen:	
Kredite:	
Sonstiges:	

gesamt:

Variable Kosten:

Lebensmittel/Getränke:	
Drogerie:	
Bekleidung:	
Mobilität (Benzin/Fahrkarte):	
Bäckerei:	
Gesundheit (Apotheke/Therapien):	
Bildung:	
Kinder:	
Haustier:	
Kreditkarte:	
Sonstiges:	

gesamt:

Kutur, Freizeit, Hobby und Spaß:

Restaurant/ Lieferdienst:	
Kino/Theater/Konzert:	
Bücher/Zeitschriften:	
Veranstalungen:	
Musik:	
Sport/ Fitnessstudio:	
Apps:	
Ausgehen:	
Reisen:	
Sonstiges:	

gesamt:

Sonstiges und Unvorhergesehenes:

Reparatur (Elektrogeräte/Auto):	
Inspektion:	
Baumarkt:	
Einrichtung (Möbel, Bettwäsche etc.):	
Haushaltsgeräte:	
Besondere Anschaffungen:	
Zahnarzt:	
Geschenke:	
Sonstiges:	

gesamt:

Notizen:

Mein Budget für diesen Monat:

Einnahmen: feste Ausgaben:

                  –   =

Das möchte ich diesen Monat sparen:

Das gönne ich mir diesen Monat:

Ausgaben gesamt diesen Monat:

Das habe ich gespart:

Saldo:

Hast du dein Ziel erreicht?   ja   nein

Das habe ich diesen Monat sehr gut gemacht:

Das hätte ich besser machen können:

Monat:

Einnahmen:

Gehalt:		
Rente:		
Kindergeld:		
Unterhalt:		
Gewinne:		
Mieteinnahmen:		
Sonstiges:		

gesamt:

Fixe Kosten:

Miete:	
Kredit für Haus/Wohnung:	
Nebenkosten:	
GEZ:	
Strom:	
Internet/Telefon:	
Mobilfunkvertrag:	
Versicherungen:	
Altersvorsorge:	
Bausparen:	
Sparen/Rücklagen:	
Kredite:	
Sonstiges:	

gesamt:

Variable Kosten:

Lebensmittel/Getränke:	
Drogerie:	
Bekleidung:	
Mobilität (Benzin/Fahrkarte):	
Bäckerei:	
Gesundheit (Apotheke/Therapien):	
Bildung:	
Kinder:	
Haustier:	
Kreditkarte:	
Sonstiges:	

gesamt:

Kutur, Freizeit, Hobby und Spaß:

Restaurant/ Lieferdienst:	
Kino/Theater/Konzert:	
Bücher/Zeitschriften:	
Veranstalungen:	
Musik:	
Sport/ Fitnessstudio:	
Apps:	
Ausgehen:	
Reisen:	
Sonstiges:	

gesamt:

Sonstiges und Unvorhergesehenes:

Reparatur (Elektrogeräte/Auto):	
Inspektion:	
Baumarkt:	
Einrichtung (Möbel, Bettwäsche etc.):	
Haushaltsgeräte:	
Besondere Anschaffungen:	
Zahnarzt:	
Geschenke:	
Sonstiges:	

gesamt:

Notizen:

Mein Budget für diesen Monat:

Einnahmen: feste Ausgaben:

         –   =

Das möchte ich diesen Monat sparen:

Das gönne ich mir diesen Monat:

Ausgaben gesamt diesen Monat:

Das habe ich gespart:

Saldo:

Hast du dein Ziel erreicht?   ja   nein

Das habe ich diesen Monat sehr gut gemacht:

Das hätte ich besser machen können:

Monat:

Einnahmen:

Gehalt:	
Rente:	
Kindergeld:	
Unterhalt:	
Gewinne:	
Mieteinnahmen:	
Sonstiges:	

gesamt:

Fixe Kosten:

Miete:	
Kredit für Haus/Wohnung:	
Nebenkosten:	
GEZ:	
Strom:	
Internet/Telefon:	
Mobilfunkvertrag:	
Versicherungen:	
Altersvorsorge:	
Bausparen:	
Sparen/Rücklagen:	
Kredite:	
Sonstiges:	

gesamt:

Variable Kosten:

Lebensmittel/Getränke:	
Drogerie:	
Bekleidung:	
Mobilität (Benzin/Fahrkarte):	
Bäckerei:	
Gesundheit (Apotheke/Therapien):	
Bildung:	
Kinder:	
Haustier:	
Kreditkarte:	
Sonstiges:	

gesamt:

Kutur, Freizeit, Hobby und Spaß:

Restaurant/ Lieferdienst:	
Kino/Theater/Konzert:	
Bücher/Zeitschriften:	
Veranstalungen:	
Musik:	
Sport/ Fitnessstudio:	
Apps:	
Ausgehen:	
Reisen:	
Sonstiges:	

gesamt:

Sonstiges und Unvorhergesehenes:

Reparatur (Elektrogeräte/Auto):	
Inspektion:	
Baumarkt:	
Einrichtung (Möbel, Bettwäsche etc.):	
Haushaltsgeräte:	
Besondere Anschaffungen:	
Zahnarzt:	
Geschenke:	
Sonstiges:	

gesamt:

Notizen:

Mein Budget für diesen Monat:

Einnahmen: feste Ausgaben:

[   ] – [   ] = [   ]

Das möchte ich diesen Monat sparen: [   ]

Das gönne ich mir diesen Monat:

....

Ausgaben gesamt diesen Monat: [   ]

Das habe ich gespart: [   ]

Saldo: [   ]

Hast du dein Ziel erreicht?   ja [   ]   nein [   ]

Das habe ich diesen Monat sehr gut gemacht:

....

Das hätte ich besser machen können:

....

Monat:

Einnahmen:

Gehalt:	
Rente:	
Kindergeld:	
Unterhalt:	
Gewinne:	
Mieteinnahmen:	
Sonstiges:	

gesamt:

Fixe Kosten:

Miete:	
Kredit für Haus/Wohnung:	
Nebenkosten:	
GEZ:	
Strom:	
Internet/Telefon:	
Mobilfunkvertrag:	
Versicherungen:	
Altersvorsorge:	
Bausparen:	
Sparen/Rücklagen:	
Kredite:	
Sonstiges:	

gesamt:

Variable Kosten:

Lebensmittel/Getränke:	
Drogerie:	
Bekleidung:	
Mobilität (Benzin/Fahrkarte):	
Bäckerei:	
Gesundheit (Apotheke/Therapien):	
Bildung:	
Kinder:	
Haustier:	
Kreditkarte:	
Sonstiges:	

gesamt:

Kutur, Freizeit, Hobby und Spaß:

Restaurant/ Lieferdienst:	
Kino/Theater/Konzert:	
Bücher/Zeitschriften:	
Veranstalungen:	
Musik:	
Sport/ Fitnessstudio:	
Apps:	
Ausgehen:	
Reisen:	
Sonstiges:	

gesamt:

Sonstiges und Unvorhergesehenes:

Reparatur (Elektrogeräte/Auto):	
Inspektion:	
Baumarkt:	
Einrichtung (Möbel, Bettwäsche etc.):	
Haushaltsgeräte:	
Besondere Anschaffungen:	
Zahnarzt:	
Geschenke:	
Sonstiges:	

gesamt:

Notizen:

Mein Budget für diesen Monat:

Einnahmen: feste Ausgaben:

         —   =

Das möchte ich diesen Monat sparen:

Das gönne ich mir diesen Monat:

....

Ausgaben gesamt diesen Monat:

Das habe ich gespart:

Saldo:

Hast du dein Ziel erreicht?   ja   nein

Das habe ich diesen Monat sehr gut gemacht:

....

Das hätte ich besser machen können:

....

Monat:

Einnahmen:

Gehalt:	
Rente:	
Kindergeld:	
Unterhalt:	
Gewinne:	
Mieteinnahmen:	
Sonstiges:	

gesamt:

Fixe Kosten:

Miete:	
Kredit für Haus/Wohnung:	
Nebenkosten:	
GEZ:	
Strom:	
Internet/Telefon:	
Mobilfunkvertrag:	
Versicherungen:	
Altersvorsorge:	
Bausparen:	
Sparen/Rücklagen:	
Kredite:	
Sonstiges:	

gesamt:

Variable Kosten:

- Lebensmittel/Getränke:
- Drogerie:
- Bekleidung:
- Mobilität (Benzin/Fahrkarte):
- Bäckerei:
- Gesundheit (Apotheke/Therapien):
- Bildung:
- Kinder:
- Haustier:
- Kreditkarte:
- Sonstiges:

gesamt:

Kutur, Freizeit, Hobby und Spaß:

- Restaurant/ Lieferdienst:
- Kino/Theater/Konzert:
- Bücher/Zeitschriften:
- Veranstalungen:
- Musik:
- Sport/ Fitnessstudio:
- Apps:
- Ausgehen:
- Reisen:
- Sonstiges:

gesamt:

Sonstiges und Unvorhergesehenes:

Reparatur (Elektrogeräte/Auto):	
Inspektion:	
Baumarkt:	
Einrichtung (Möbel, Bettwäsche etc.):	
Haushaltsgeräte:	
Besondere Anschaffungen:	
Zahnarzt:	
Geschenke:	
Sonstiges:	

gesamt:

Notizen:

Mein Budget für diesen Monat:

Einnahmen: feste Ausgaben:

       –   =

Das möchte ich diesen Monat sparen:

Das gönne ich mir diesen Monat:

Ausgaben gesamt diesen Monat:

Das habe ich gespart:

Saldo:

Hast du dein Ziel erreicht?   ja   nein

Das habe ich diesen Monat sehr gut gemacht:

Das hätte ich besser machen können:

Monat:

Einnahmen:

Gehalt:	
Rente:	
Kindergeld:	
Unterhalt:	
Gewinne:	
Mieteinnahmen:	
Sonstiges:	

gesamt:

Fixe Kosten:

Miete:	
Kredit für Haus/Wohnung:	
Nebenkosten:	
GEZ:	
Strom:	
Internet/Telefon:	
Mobilfunkvertrag:	
Versicherungen:	
Altersvorsorge:	
Bausparen:	
Sparen/Rücklagen:	
Kredite:	
Sonstiges:	

gesamt:

Variable Kosten:

Lebensmittel/Getränke:	
Drogerie:	
Bekleidung:	
Mobilität (Benzin/Fahrkarte):	
Bäckerei:	
Gesundheit (Apotheke/Therapien):	
Bildung:	
Kinder:	
Haustier:	
Kreditkarte:	
Sonstiges:	

gesamt:

Kutur, Freizeit, Hobby und Spaß:

Restaurant/ Lieferdienst:	
Kino/Theater/Konzert:	
Bücher/Zeitschriften:	
Veranstalungen:	
Musik:	
Sport/ Fitnessstudio:	
Apps:	
Ausgehen:	
Reisen:	
Sonstiges:	

gesamt:

Sonstiges und Unvorhergesehenes:

Reparatur (Elektrogeräte/Auto):	
Inspektion:	
Baumarkt:	
Einrichtung (Möbel, Bettwäsche etc.):	
Haushaltsgeräte:	
Besondere Anschaffungen:	
Zahnarzt:	
Geschenke:	
Sonstiges:	

gesamt:

Notizen:

Mein Budget für diesen Monat:

Einnahmen: feste Ausgaben:

             –   =

Das möchte ich diesen Monat sparen:

Das gönne ich mir diesen Monat:

....

Ausgaben gesamt diesen Monat:

Das habe ich gespart:

Saldo:

Hast du dein Ziel erreicht?   ja   nein

Das habe ich diesen Monat sehr gut gemacht:

....

Das hätte ich besser machen können:

....

Monat:

Einnahmen:

Gehalt:	
Rente:	
Kindergeld:	
Unterhalt:	
Gewinne:	
Mieteinnahmen:	
Sonstiges:	

gesamt:

Fixe Kosten:

Miete:	
Kredit für Haus/Wohnung:	
Nebenkosten:	
GEZ:	
Strom:	
Internet/Telefon:	
Mobilfunkvertrag:	
Versicherungen:	
Altersvorsorge:	
Bausparen:	
Sparen/Rücklagen:	
Kredite:	
Sonstiges:	

gesamt:

Variable Kosten:

Lebensmittel/Getränke:	
Drogerie:	
Bekleidung:	
Mobilität (Benzin/Fahrkarte):	
Bäckerei:	
Gesundheit (Apotheke/Therapien):	
Bildung:	
Kinder:	
Haustier:	
Kreditkarte:	
Sonstiges:	

gesamt:

Kutur, Freizeit, Hobby und Spaß:

Restaurant/ Lieferdienst:	
Kino/Theater/Konzert:	
Bücher/Zeitschriften:	
Veranstalungen:	
Musik:	
Sport/ Fitnessstudio:	
Apps:	
Ausgehen:	
Reisen:	
Sonstiges:	

gesamt:

Sonstiges und Unvorhergesehenes:

Reparatur (Elektrogeräte/Auto):	
Inspektion:	
Baumarkt:	
Einrichtung (Möbel, Bettwäsche etc.):	
Haushaltsgeräte:	
Besondere Anschaffungen:	
Zahnarzt:	
Geschenke:	
Sonstiges:	

gesamt:

Notizen:

Mein Budget für diesen Monat:

Einnahmen: feste Ausgaben:

_____ – _____ = _____

Das möchte ich diesen Monat sparen: _____

Das gönne ich mir diesen Monat:

....

Ausgaben gesamt diesen Monat: _____

Das habe ich gespart: _____

Saldo: _____

Hast du dein Ziel erreicht?   ja   nein

Das habe ich diesen Monat sehr gut gemacht:

....

Das hätte ich besser machen können:

....

Monat:

Einnahmen:

Gehalt:	
Rente:	
Kindergeld:	
Unterhalt:	
Gewinne:	
Mieteinnahmen:	
Sonstiges:	

gesamt:

Fixe Kosten:

Miete:	
Kredit für Haus/Wohnung:	
Nebenkosten:	
GEZ:	
Strom:	
Internet/Telefon:	
Mobilfunkvertrag:	
Versicherungen:	
Altersvorsorge:	
Bausparen:	
Sparen/Rücklagen:	
Kredite:	
Sonstiges:	

gesamt:

Variable Kosten:

Lebensmittel/Getränke:	
Drogerie:	
Bekleidung:	
Mobilität (Benzin/Fahrkarte):	
Bäckerei:	
Gesundheit (Apotheke/Therapien):	
Bildung:	
Kinder:	
Haustier:	
Kreditkarte:	
Sonstiges:	

gesamt:

Kutur, Freizeit, Hobby und Spaß:

Restaurant/ Lieferdienst:	
Kino/Theater/Konzert:	
Bücher/Zeitschriften:	
Veranstalungen:	
Musik:	
Sport/ Fitnessstudio:	
Apps:	
Ausgehen:	
Reisen:	
Sonstiges:	

gesamt:

Sonstiges und Unvorhergesehenes:

Reparatur (Elektrogeräte/Auto):	
Inspektion:	
Baumarkt:	
Einrichtung (Möbel, Bettwäsche etc.):	
Haushaltsgeräte:	
Besondere Anschaffungen:	
Zahnarzt:	
Geschenke:	
Sonstiges:	

gesamt:

Notizen:

Mein Budget für diesen Monat:

Einnahmen: feste Ausgaben:

[   ] – [   ] = [   ]

Das möchte ich diesen Monat sparen: [   ]

Das gönne ich mir diesen Monat:

....

Ausgaben gesamt diesen Monat: [   ]

Das habe ich gespart: [   ]

Saldo: [   ]

Hast du dein Ziel erreicht?   ja [   ]   nein [   ]

Das habe ich diesen Monat sehr gut gemacht:

....

Das hätte ich besser machen können:

....

Rechtliches und Impressum:

© Nora Milles 1. Auflage 2022
Kontakt: Piok & Dobslaw GbR, Alte Str. 3, 56072 Koblenz
Gesellschafter: Anna Piok & Tatjana Dobslaw
Email: OnlyBooks@gmx.de
Covergestaltung/Buchsatz/Layout: Tatjana Dobslaw
Marketing: Anna Piok
Fotos/Vektoren/Illustrationen im Buch: Lizenzen gekauft bei Depositphotos.com & Canva.com
Druck bei: Amazon Media EU S.á r.l., 5 Rue Plaetis, L–2338, Luxembourg

ISBN Taschenbuch: 978-3-98567-151-9
ISBN Gebundenes Buch: 978-3-98567-163-2

Printed in Poland
by Amazon Fulfillment
Poland Sp. z o.o., Wrocław
13 November 2023

73acb873-0ede-46ce-bc2b-bc0fa465704aR01